MEMBRESÍAS RENTABLES

Helio Laguna

Título: Membresías Rentables

© 2017, Helio Laguna

© De los textos: Helio Laguna

Ilustración de portada:

Revisión de estilo: www.escritoyhecho.com

1ª edición

Todos los Derechos Reservados.

¡¡IMPORTANTE!!

No tienes los derechos de Reproducción o Reventa de este Producto.

Este libro tiene © Todos los Derechos Reservados.

Antes de venderlo, publicarlo en parte o en su totalidad, modificarlo o distribuirlo de cualquier forma, te recomiendo que consultes al autor.

El autor no puede garantizarte que los resultados obtenidos por él mismo al aplicar las técnicas aquí descritas, vayan a ser los tuyos.

Básicamente por dos motivos:

- Sólo tú sabes qué porcentaje de implicación aplicarás para implementar lo aprendido (a más implementación, más resultados).

- Aunque aplicaras en la misma medida que él, tampoco es garantía de obtención de las mismas ganancias, ya que incluso podrías obtener más, dependiendo de tus habilidades para desarrollar nuevas técnicas a partir de las aquí descritas.

Aunque todas las precauciones se han tomado para verificar la exactitud de la información contenida en el presente documento, el autor y el editor no asumen ninguna responsabilidad por cualquier error u omisión.

No se asume responsabilidad por daños que puedan resultar del uso de la información que contiene.

Así pues, buen trabajo y mejores Éxitos.

TABLA DE CONTENIDOS

Introducción 11
Cómo Definir Tu Cifra De Libertad Financiera 15
¿Qué Vender?...19
Cómo Estructurar Tu Oferta 21
Cómo Crear Tu Carnada O Soborno Ético 25
Cómo Presentar Tu Oferta...29
Crea Tu Súper Lanzamiento Perpetuo 31
La Estrategia 37
Trabaja Productivamente..43
Cómo Grabar El Vídeo De Tu Oferta 47
Cómo Grabar Tus Vídeos De Soborno Ético 55
Cómo Grabar Tus Vídeos De Contenido 59
Cómo Vender Tu Membresía 67
Vende Con Vídeos...71
Vende Con Webinars 75
Vende Con Facebook Live...81
Más Estrategias De Venta Súper Poderosas 85
Conclusión...89

"Cada vez que empiezo leer un libro lo primero que veo son los créditos, los reconocimientos de personas que no conozco, las historias del por qué o cómo de ese libro.

Y en numerosas ocasiones he dejado de leer porque pasan 100 páginas antes de que pueda entrar al tema por el cual compré el libro.

Aquí no va a ser así, aquí vamos ir directamente al grano."

Helio Laguna

INTRODUCCIÓN

Hola, te saluda Helio Laguna.

Y tal y como te acabo de decir, no me gustan esos libros que antes de ofrecerte el contenido por el cual los compraste, te llenan los ojos con créditos, reconocimientos y demás historias, aquí voy a ir directo al punto.

Y por ello, no quiero hacer esta introducción demasiado larga, así que tan solo te diré que en este libro vas a descubrir cómo crear una membresía rentable y lograr el objetivo de la "libertad financiera" o si no es así, el de la "tranquilidad financiera."

¿Por qué hago esta diferenciación?

Porque quizá para ti 2000 dólares al mes no signifiquen libertad financiera, pero sí que significan un respiro, una tranquilidad, el comenzar a lograr salir de deudas o que alcance el dinero.

Quizá no te permitan todavía renunciar al empleo, a lo mejor no son tu cifra de libertad financiera, pero sí que son la cifra de tu tranquilidad financiera y mi primer objetivo en este libro es que logres este primer paso.

Así que, ¡manos a la obra...!

PRIMERA PARTE

"¿CÓMO CREAR UNA MEMBRESÍA RENTABLE?"

CÓMO DEFINIR TU CIFRA DE LIBERTAD FINANCIERA

Sí, ya sé que el libro trata de cómo crear membresías rentables, pero antes de explicarte todo el proceso, debes sentar las bases y para ello, lo primero que debes hacer es definir cuál es tu cifra de libertad financiera.

Puede ser tan sencillo como la cifra que te permite cubrir tus gastos de vida o bien, la cantidad de dinero que te permitiría dejar tu empleo, esa es tu cifra de libertad financiera.

Ahora no pienses en esa casa en Miami y vivir por todo el mundo, eso es parte del segundo paso, ahora piensa en esa cifra con la que podrías dejar el empleo, en lo que estas gastando de vida o una cifra que haría que tu vida cambiara, que tuvieras tranquilidad financiera, que hiciera que te alcanzara el dinero mes a mes, que hiciera que comenzaras a salir de deudas, que te permitiera comprar esa casa o ese coche que quieres...

Como dice la filosofía de *Timothy Ferris*: *"No hace falta ganar millones para vivir la vida de tus sueños, la vida de tus sueños puede ser autofinanciable."*

Es decir, para comprar esa casa de medio millón de dólares no necesitas juntar medio millón de dólares, necesitas tener una mensualidad que pueda hacer que estés viviendo en esa casa.

Para comprar ese coche de tus sueños, de 80.000 dólares o de 100.000 dólares, no necesitas tener todo el dinero, necesitas pagar la mensualidad de ese coche y así poder disfrutarlo de manera instantánea y no a los 65 años o después de 20 años que ahorrando para tu casa o tu coche.

La vida de tus sueños es autofinanciable, todo es autofinanciable, ya sea con un crédito de coche, un crédito personal o con tarjetas de crédito.

Entonces, ahora piensa en cuál es tu cifra de libertad financiera o en tu cifra de tranquilidad financiera, todavía no pienses en esa vida loca de excesos, ese es el segundo paso, ahora vamos por el primero, que definas cuánto quieres ganar al mes.

Y para ello, vas a dejar de leer y vas a tomar hoja y pluma para escribir cuánto quieres ganar al mes.

Te voy a poner un ejemplo sólo como guía...

Supongamos que quieres ganar 2000 dólares al mes, (tú escribe la cifra que necesites, eso sí recuerda que estamos en el primer paso, ahora no pongas 100.000 o 200.000 dólares al mes).

Yo voy a poner 2000 dólares al mes, que es la cifra que daría la libertad financiera al 95% de los seres vivientes.

Entonces, ahora el segundo paso es definir en cuánto quieres vender tu membresía, yo voy a poner para este ejemplo 97 dólares, aunque tú puedes ponerle lo que quieras 47, 67, 97, 147, 197, 297... lo que creas conveniente.

Todavía no sabemos de qué va a ser tu membresía, pero sí que debes ir pensando en una cifra que tenga sentido para ti.

Entonces una vez has decidido cuál es tu cifra de libertad o tranquilidad financiera y en cuánto vas a vender tu membresía, ahora haz la división.

Yo divido mis cifras de ejemplo, es decir, 2000 dólares entre 97 dólares y me da como resultado que necesito hacer 21 ventas para alcanzar mi libertad financiera o para alcanzar la tranquilidad financiera.

Ahora haz la división tú, para dar con tu propio número.

Te voy a dar sólo dos minutos para que des con tu propio número.

¿Por qué dos minutos?

Porque cuando yo hice este ejercicio, hice como treinta combinaciones, entonces, haz las combinaciones que quieras, juega con números, a mí me encanta jugar con números, pero en tan solo dos minutos para que tengas tu cifra y no se te haga muy largo.

Como puedes ver son cifras pequeñas. No te estoy hablando de 500 ventas ni de 1.000 ventas, sino de cifras que se logran con un lanzamiento.

Son cifras alcanzables y no es algo que tengas que lograr en un día, sino que en realidad tienes todo el tiempo del mundo. Pero aun así, vamos a ponerle un límite de tiempo, digamos, noventa días para lograrlo.

¿Por qué poner un límite de tiempo?

Porque debes tener un objetivo en el tiempo, si no, nunca lo vas a hacer.

Entonces, tienes noventa días para lograr el objetivo de 21 ventas, 42 ventas, 31 ventas, lo que sea que te salga.

En mi ejemplo salían 21 ventas, por lo tanto, ahora voy a dividir 21 ventas entre 3, noventa días son tres meses, y tú debes hacer lo mismo, dividir tu número entre 3.

En mi ejemplo sale que son tan solo 7 ventas por mes las que he de lograr y es ese número, el que te haya dado a ti, lo que vas a buscar, ese va a ser tu objetivo de ventas al mes para alcanzar la libertad financiera.

¿Notas la diferencia?

Ahora tienes un plan, tienes un objetivo en la mira al que llegar, que hace tan solo unos minutos, cuando comenzaste a leer este capítulo, no tenías.

Ahora tienes un plan de libertad financiera o un plan de tranquilidad financiera, por lo tanto, debes valorar como se merece el tener este tipo de claridad de cara a tu objetivo final y ya te anticipo que no es tan difícil vender ese número, sea cual sea el que te haya dado.

Pero vamos por paso.

Y ahora la siguiente pregunta es...

¿Qué vender?

Sigue leyendo...

¿QUÉ VENDER?

¿Qué vender?

¿Qué es lo que puedes vender?

Paquetes de información.

¿Y cómo entregarlos?

Hay tres tipos de estrategia para entregar tus paquetes de información:

Estrategia de NO interacción

Puedes vender un paquete de información, es decir, algo que no requiera interacción y simplemente sea entregar información, ya sea información impresa como hacen algunos, información en memorias USB como hacen otros, etc.

Lo bueno de esto es que si te llega un paquete de información, no hay ningún tipo de interacción que hacer por tu parte, no tienes que hacer nada. Y esto, créeme, es el sueño máximo de cualquier persona: la gente se registra, paga y por medio de envíos automatizados, les llega el contenido, ya sea que les envíes una revista cada mes, que les envíes memorias USB con información cada mes o lo que quieras enviarles.

De esta manera, tú lo puedes tener preparado y programado por adelantado y no tienes que hacer absolutamente nada.

Estrategia de interacción

La otra estrategia es de interacción pura.

Es decir, les das Webinars o sesiones presenciales.

¡Ojo! Esto de dar sesiones presenciales, casi nadie lo está haciendo. Casi nadie está haciendo sesiones presenciales como parte de una membresía.

Estrategia híbrida

La tercera opción puede ser una membresía híbrida que incluya información, sin interacción e información con interacción.

Este tipo de membresía es la que utilizo en mi membresía "Ingreso Perpetuo" donde las personas que se inscriben, reciben un entrenamiento grabado, un reporte con una fuente de ingreso y el otro 50% es interacción pura, un evento presencial donde nos vemos y trabajamos juntos, mano a mano, o un Webinar o un Coaching en línea.

Estas son las tres estrategias que puedes llevar a cabo a la hora de entregar tus paquetes de información.

Ahora eres tú quien debe definir qué tipo de estrategia vas a utilizar, enviar simplemente la información y ya, con lo que no hay interacción, interacción pura, en los Webinars en línea o en los eventos presenciales o reuniones presenciales o un híbrido, envías esa información y además tienes interacción.

No voy a ser yo quien

CÓMO ESTRUCTURAR TU OFERTA

Para saber cómo estructurar tu oferta, lo primero que debes hacer es definir si en tu membresía vas a enviarles información, vas a tener una interacción con ellos o vas a usar un sistema híbrido, es decir, enviarles información y además tener interacción.

Tu oferta es lo que vas a presentar para que las personas compren.

¿Y qué tipos de ofertas existen?

La Oferta Directa

¿En qué consiste?

En decirles: *"Cómprame mi membresía X. Para ello, da clic aquí y paga. Van a ser 97, 147, 47 dólares al mes, etc."*

Esa es una de las opciones, vender tu oferta directamente.

La Oferta Financiada

Esta segunda opción consiste en vender un paquete de información a un precio elevado, entre 947 y 2.000 dólares por ejemplo, y decirles: *"Tienes un año para pagarlo. No tienes que pagar los 947 dólares en un solo pago, hay un financiamiento de doce meses."*

Y ese financiamiento de doce meses es tu membresía donde les estarás enviando información mes a mes.

O bien puedes enviarles todo el paquete, todos los discos de trabajo, reportes, memoria USB, etc.

¿Por qué ya no digo DVD?

Porque ya casi nadie tiene un DVD, desaparecieron, pero si podrías enviarles memorias USB cada mes o enviarles todo en una sola caja de 997 dólares con el material para estudiar todo.

Este tipo de oferta, la utilizan mucho las compañías que venden cursos de lectura rápida y las que te venden programas de cómo aprender inglés, francés u otro tipo de idioma.

Ellos te venden todo por 2000 o 3000 dólares y lo puedes pagar en financiación.

Te suena, ¿verdad?

Pues así quiero que pienses si vas a utilizar este modelo de oferta para entregar tu paquete de información.

La Oferta Trial

Este es el tercer tipo de oferta en que puedes estructurar tu oferta, el famoso *"trial"* o prueba.

Es decir: *"Si contratas ahora mi membresía de 97 dólares al mes, puedes acceder al primer mes por tan sólo 1 dólar o por sólo 7 dólares, etc."*

La Oferta Trial con Carnada

Esta cuarta opción consiste en ofrecer una carnada o un soborno ético para unirse al trial.

Es mucho más poderosa que la opción anterior, porque no sólo vas a decirles: *"Ahora puedes acceder el primer mes de prueba por 1 dólar"*, sino que vas a decirles: *"Y no solo puedes acceder el primer mes por 1 dólar, sino que además, vas a recibir este entrenamiento de 1.000 dólares si pruebas mi membresía."*

La Oferta con Carnada de Alto Valor

Y la última opción que te voy a decir para que presentes tu oferta, consiste en ofrecer una carnada o soborno ético para unirse a tu membresía creando un producto de alto valor y dándoselo gratis si se unen a tu membresía.

En mi membresía *"Club de Ingreso Perpetuo"*, utilizo este tipo de carnada para que la gente se una.

No utilizo un trial, utilizo una carnada de alto valor y esa es la opción que te recomiendo que utilices.

Puedes utilizar la que quieras, pero la que te recomiendo que utilices es esta, dar una carnada de alto valor para que se unan y por supuesto, cada mes debes ir cambiando la carnada.

Cada mes debes crear un producto de alto valor que utilices como material promocional durante todo el mes.

"Pero Helio, ¿y si no se unen? ¡Estaré echando muchas horas de esfuerzo y te para quedarme con esos productos en mi ordenador!"

No te preocupes, no va a ser esfuerzo a lo loco.

Ese producto que estarás utilizando como carnada, lo vas a entregar después como producto, como parte de tu membresía, así que no estás desperdiciando el esfuerzo, no estás creando carnada a lo loco.

Todo lo que hagas, lo puedes entregar después. Así es como funciona esto.

CÓMO CREAR TU CARNADA O SOBORNO ÉTICO

¿Cómo crear tu carnada o soborno ético?

Puede ser:

Una caja de sobornos

Les puedes decir: *"Si te suscribes a mi membresía te voy a dar todas estas revistas o todos estos reportes o todos estos libros."*

Un producto digital

En el caso de mi "Club de Ingreso Perpetuo", un mes estuve ofreciendo un producto digital que eran las grabaciones del coaching presencial "Marketing de Guerrilla".

Otro mes ofrecí un entrenamiento en línea llamado "Membresías Rentables" (sí, en el que se basa este libro).

Interacción en vivo

Ya sea un evento o una consulta, etc.

Les puedes decir: *"Todos aquellos que se suscriban a mi membresía van a recibir un Coaching uno a uno, de tres horas"* O: *"Los que se suscriban a mi membresía pueden asistir al evento presencial que haré en tal lugar, en tal fecha"* y así puedes poner fecha límite para que tomen tu soborno ético.

¿Cómo crear la interacción en vivo?

Puede ser reuniéndote uno a uno con las personas.

O si tienes pocas personas, te puedes reunir con ellos en grupos de 6 personas y hacer un Mastermind.

O si se da el caso de que tienes muchas personas, puedes hacer Coaching grupal o eventos presenciales.

¿Cómo se entrega la interacción en vivo?

Dando un entrenamiento en vivo, pero en línea.

Puede ser una clase, es decir, un Webinar o un Hangout, como lo quieras llamar, una serie de clases, una serie de Hangout, una serie de Webinars donde enseñes algo, pueden ser simplemente sesiones de preguntas y respuestas o bien, enviarles vídeos en un área de miembros.

Lo mejor de todo esto es que, una vez que lo hagas, lo puedes empaquetar, es decir, una vez que lo das quedarán las grabaciones y por lo tanto, ya tendrás un producto digital que puedes entregar otro mes como carnada de alto valor a nuevos miembros y una vez lo reemplaces por otro al mes siguiente, puedes entregarlo como contenido de tu membresía.

¿Cómo crear los Productos Digitales?

Un producto digital es, como te digo, las grabaciones de un entrenamiento en línea o un producto que ya tengas con anterioridad y que puedes entregar en tu sitio de membresía cada semana.

Es decir, imagina que tienes un entrenamiento de muchos vídeos, lo vas distribuyendo por semana, cada semana vas liberando un modulo, y así haces que las personas estén atentas a tu contenido.

Yo, por ejemplo, algunos productos que ya tengo hechos y que puede que entregue junto a algunos otros en mi "Club de Ingresos Perpetuos", pueden ser las grabaciones de "Ingresos con Webinars" que fue un evento presencial que hice, "Membresías Rentables" el coaching en línea en que está basado este libro, "Embudo Maestro" que es también un Coaching en línea, "Maestría en Ventas de Alto Valor" otro evento presencial, etc.

¿Comprendes?

Aquí no vas a almacenar nada, no vas a desperdiciar nada, todo lo puedes entregar una vez hecho.

¿Cómo Crear los Productos Físicos?

Cuando te hablo de productos físicos, me refiero a los productos que puedes enviar a la casa de las personas.

Pueden ser las grabaciones de un producto que grabaste vídeo o de un evento presencial o de un Coaching en línea, etc.

"Marketing de Guerrilla" fue un evento presencial que grabé mientras se celebraba y ahora es un producto digital.

"Ingresos con Webinars" fue un evento presencial que está grabado y ahora es un producto digital.

"Maestría en Ventas de Alto Valor" fue un evento presencial que está grabado y ahora es un producto digital.

¿Y cómo convertirlos a productos físicos?

Todos esos productos digitales se pueden convertir en físicos en estas direcciones:

disk.com

createspace.com

En disk.com, puedes crear prácticamente lo que quieras: discos, memorias USB, libros... Puedes crear absolutamente todo.

Y lo mismo en CreateSpace: un audio lo puedes convertir en un disco, un vídeo lo puedes hacer un DVD y un libro digital lo puedes pasar a formato físico, es decir, un reporte en PDF lo puedes convertir en un libro físico.

Mi consejo es que comiences con interacción en vivo, lo conviertas en un producto, es decir, grabas los eventos presenciales, grabas Coaching en línea, etc. y entonces los conviertes en un producto.

Y una vez tengas el producto creado, llega el momento de presentarlo en sociedad.

Y eso es lo que te voy a contar en el siguiente capítulo, cómo debes presentar la oferta.

CÓMO PRESENTAR TU OFERTA

Lo que vas a hacer para presentar tu oferta es algo que a priori te va a parecer muy complicado, pero que te aseguro que no lo es en absoluto.

Y lo que vas a hacer es…

¡Ofrecer contenido educacional todos los días!

¿Y qué vas a hacer con ese contenido educacional que ofrecerás a diario?

Lo vas a sumar a tu soborno ético y a tu venta directa.

¿Cómo?

Vas a hacer tres tipos de vídeos:

El vídeo de la oferta

Vas a hacer un vídeo con la oferta de tu membresía, donde vas a vender directamente tu membresía.

El vídeo soborno ético

Se trata de que hagas un vídeo en el que presentes un soborno ético y este vídeo vas a cambiarlo cada mes.

Es decir, un mes les darás un soborno ético, el siguiente mes les vas a dar otro soborno ético y así cada mes.

El vídeo de contenido educacional

Todos los días vas a crear un vídeo con contenido educacional en el que vas a estar dando valor masivo mientras vendes.

Entonces, cada día regalas una pieza de contenido y les haces ver el valor de tu regalo.

Es decir, les dices: *"Hoy te estoy dando esta pieza de contenido, que otras personas te venderían por X dinero. Pero yo no, yo te lo estoy dando totalmente."*

Esta es una forma de sobornarles éticamente. Les dices: *"Esto que te estoy dando, que tiene un gran valor, es sólo la punta del iceberg de lo que existe en mi programa y para que entres a mi programa, hoy te estoy dando un soborno ético."*

Entonces, les regalas una pieza de contenido y después le mencionas el soborno ético, construyes el valor del soborno ético que le estas dando.

Es decir, les dices: *"Hoy te estoy dando totalmente gratis Membresías Rentables, que tiene un valor de 997 dólares. ¿Por qué vale 997 dólares? Porque te enseña cómo alcanzar la Libertad Financiera en 90 días."*

Y después les revelas tu programa y reconstruyes el valor de tu programa.

Sé que ahora suena difícil, pero no lo es.

Cuando veas cómo se crean estos vídeos te darás cuenta de la sencillez de este sistema.

Y eso lo vas a descubrir en más adelante, en el que te voy a revelar la gran estrategia que denomino *"El Súper Lanzamiento Perpetuo."*

CREA TU SÚPER LANZAMIENTO PERPETUO

"Súper Lanzamiento Perpetuo".

Grábate estas palabras a fuego porque es lo que va a hacer que tu membresía tenga cada vez más personas suscritas.

¿Cómo crear tu Súper Lanzamiento Perpetuo?

A estas alturas ya sabes que vas a tener que crear una membresía, de la que ya definiste el precio, ahora vas a construir una membresía que haga que ese precio sea irrisorio.

Yo, cuando hice este ejercicio, definí que el precio de la entrada a mi membresía, a mi *"Club de Ingreso Perpetuo"*, serían 97 dólares porque quería probar las aguas, pero más adelante el acceso a este mismo club va ser de 197 dólares y aun así va a seguir siendo un regalo.

¿Por qué un regalo?

Porque, al utilizar el modo híbrido, van a recibir cuatro cosas por el mismo precio.

Van a recibir un evento presencial o una reunión presencial, un entrenamiento en línea, en vivo, un producto digital y un reporte mostrando cómo crear una fuente de ingresos.

Dime si es un regalo o no el que todo esto sea por 97 dólares.

Sin duda, cada uno de esos temas debería costar como mínimo esos 97 dólares, así que es un auténtico regalo que los 4 sean por el precio de uno.

¿Y qué hice una vez definí el valor de mi membresía?

Construir un valor que fuera al menos cuatro veces lo que estoy cobrando por mi membresía.

Y eso es lo que vas a hacer tú.

Ya definiste el valor de tu membresía, así que ahora vas a entregar una membresía con la que sientas que les estás dando cuatro veces lo que les estás cobrando.

Una vez tienes esto en claro, vamos a ver los pasos que vas a seguir para crear tu "Súper Lanzamiento Perpetuo"

Paso 1. Definir qué les vas a dar en tu membresía

Debes tener la premisa en la cabeza de que les vas a dar cuatro veces lo que les vas a cobrar, a la hora definir los temas que utilizarás como magnetos, como carnadas, como sobornos para que las personas se unan a tu membresía.

Te recomiendo que el soborno ético se lo entregues en cuanto se registren y el resto los vas a ir entregando, variando tu promoción, mes a mes.

¿Por qué variarlo?

Porque a lo mejor algunas personas, no se van a unir con determinado soborno, pero sí con otro soborno.

Paso2. Graba 12 vídeos de soborno ético

Sí, has leído bien.

Debes grabar 12 vídeos, uno por cada soborno ético.

Un poco más adelante te voy a decir cómo grabar cada uno de estos vídeos con el soborno ético, además de cómo grabar el vídeo con la oferta de tu programa de membresía y las piezas de contenido.

Recuerda que cada día les vas a dar valor a las personas, ese es el vídeo 1, que se conecta con el soborno ético del mes y a la vez se junta con el vídeo de la oferta de tu membresía.

Pero no me quiero adelantar para no abrumarte, más adelante lo vemos, ¿ok?

Ahora quiero que te quedes con el concepto de cómo crear tu "Súper Lanzamiento Perpetuo".

Paso 3. Define cómo vas a entregar tu membresía

Vas a definir cómo entregar en tu membresía, es decir, cómo lo vas a hacer, qué método vas a utilizar.

Si lo vas a hacer en vivo, si va a ser sin interacción, si va a ser un híbrido...

Una vez lo hayas definido, es momento de crear tu membresía.

Y una vez creada, es momento de empezar a ganar dinero, porque vas a promoverla y desde el primer día de promoción, puedes obtener tus primeras ventas y estar dando tus primeros pasos hacia la Libertad Financiera.

SEGUNDA PARTE

"DESARROLLANDO EL SÚPER SISTEMA"

LA ESTRATEGIA

Pues ha llegado el momento de ver la estrategia que vas a estar haciendo durante todo un mes, es decir, equivale al seguimiento de todo un mes.

Todos los vídeos de las piezas de contenido los puedes hacer de manera que creen el escenario de un lanzamiento, pero con una diferencia, que ya hay un mega bono de inscripción y que el acceso al producto, tu membresía, ya está abierto.

Además, como al día siguiente les vas a dar otra pieza de contenido, es como si les dieras seguimiento y por lo tanto, estas piezas de contenido construirán la venta.

Es decir, con tus vídeos promocionales, además de que son educativos, estarás reuniendo lo mejor de ambos mundos, estarás dando valor masivo, estarás ofreciendo un soborno o un mega bono y además estarás vendiendo tu membresía.

Créeme, nadie lo está haciendo ahí fuera, de verdad, así que siente el privilegio de tener esta información de primera mano.

Pero ya sabes que la información no sirve de nada si no tomas acción, así que, por favor, aplícalo porque esto funciona.

Pero vamos con la parte de arquitectura. Vamos a ver qué tienes que hacer para construir a la perfección esta estrategia:

Paso 1. Entrega tu pieza de contenido

Lo primero que vas a hacer, es darles la pieza de contenido diaria.

¿Cómo entregársela?

Puedes tener dos rutas:

Si ya tienes una base de suscriptores, puedes darles tu pieza de contenido escrita en un correo electrónico donde además, les darás el kit masivo, es decir, el mega bono y la oferta de inscripción a tu membresía.

Si no tienes suscriptores, lo puedes hacer en vídeo.

Si lo haces en vídeo, este es el esquema que te recomiendo hacer:

Un solo vídeo que contenga primero la pieza de contenido, después vas a revelar el soborno ético o mega bono o regalo, como quieras llamarlo y por último mencionarás la oferta.

Todo esto en un solo vídeo que entregarás a diario y que vas a ir cambiando, es decir, la pieza de contenido que des el lunes va a ser distinta a la que des el martes, por lo tanto, tu trabajo será simplemente creando vídeos nuevos y editándolos.

Paso 2. Entrega tu soborno ético con congruencia

Me explico...

Todos los vídeos los vas a empezar con una pieza de contenido, pero esta pieza de contenido ha de estar relacionada con tu soborno ético para que les suene lógico y congruente.

Vamos a poner mi ejemplo para que lo entiendas mejor.

Si mi soborno ético es sobre cómo crear membresías rentables, mi pieza de contenido no va a ser sobre cómo generar ingresos con AdSense.

No les puedo decir: *"Bueno, ahora ya que te di este tip para generar ingresos con AdSense te regalo mi coaching Membresías Rentables."*

¿Verdad que no tiene nada de sentido?

Por eso debes procurar que tu pieza de contenido esté relacionada con el regalo que le estás dando.

¿Y cómo enlazar la entrega de la pieza de contenido con el soborno ético en el vídeo?

Como empiezas dándoles la pieza de contenido, es decir, inicias el vídeo dando valor masivo, después les tienes que mencionar por qué les diste ese contenido:

"Bueno ya te di valor masivo por el que pude haber cobrado 97 dólares, pero no lo hice. Y la razón es porque quiero sobornarte.

Verás, esto que te acabo de dar, esto que te acabo de decir, esta joya, esta gema de información, este santo grial de información, es solamente la punta del iceberg de lo que vas a encontrar en (y mencionas tu regalo o soborno ético)."

Aquí mismo también, cuando estás construyendo el valor de tu regalo, les puedes decir:

"En el módulo 1 vas a lograr esto, en el módulo 2 vas a lograr esto, en el módulo 3 vas a lograr esto..." y así aún aumentas todavía más el valor de tu regalo.

Así de sencillo.

Primero mencionas que les acabas de dar una joya de contenido que es tan solo la punta del iceberg de lo que encontrarán en tu soborno ético y después les dices que tu soborno ético es gratis y mencionas por qué es gratis.

Primero construyes el valor del regalo y después les dices por qué es gratis.

¿Y cuál va a ser la razón por la cual es gratis?

Porque quieres que prueben tu oferta de membresía.

Paso 3. Ofrece tu membresía

Justo después de decirles que les entregas gratis el soborno ético es cuando tienes que construir el valor de tu membresía.

¿Y cómo construir el valor de tu membresía?

Diciéndoles cuál es la transformación que van a tener con tu producto.

No es lo mismo que diga:

"Le regalo un coche, al primero que comente aquí debajo."

A que diga:

"Al primero que comente en el chat, le voy a regalar un Ferrari, valorado en 700.000 dólares que fue usado por Frank Kern y además tiene un valor más grande porque me lo regaló Frank Kern en un concurso de afiliados que gané y el regalo incluye que hay que ir a recogerlo a casa del tío Frank y nos vamos a quedar ahí en un Mastermind de tres días."

¿Ves la diferencia?

Ahí construí el valor del regalo.

Primero te dije que te iba a regalar un coche y después te dije todo el valor que tiene.

Por lo tanto, mencionas tu oferta de membresía, después describes tu oferta y construyes el valor de tu membresía.

Recapitulando

Así es como funciona esta estrategia.

En un mismo vídeo les das la pieza del contenido, les dices por qué les diste el contenido, por qué es solo la punta del iceberg que encontrarás en tu regalo y que se lo vas a dar gratis.

Entonces, construyes el valor de lo que les estás dando para que comiencen a apreciarlo y les mencionas por qué es gratis, si les das algo gratis así porque sí, nadie lo va a apreciar, pero aquí estás justificando el por qué se lo estás dando gratis.

Una vez que ya has construido el valor, les dices: *"Te lo estoy dando gratis aunque vale 997 dólares. Bueno, ya viste que vale mucho más con todas las características y valor transformacional que te acabo de describir, pero te lo estoy dando gratis porque quiero que pruebes mi oferta de membresía,* (mencionas tu oferta de membresía)" y listo.

Esta es la arquitectura, a grandes rasgos, de lo que vas a hacer en esos vídeos.

TRABAJA PRODUCTIVAMENTE

Y antes de que entremos en materia, quiero darte una serie de pasos para que trabajes de manera 100% productiva y le ganes tiempo al tiempo:

Paso 1. Graba la oferta de tu membresía

El primer vídeo que debes grabar es el vídeo en el que muestras la oferta de tu membresía.

No te preocupes, no se me ha olvidado que te prometí decirte cómo grabar los vídeos y ahora enseguida te voy a mostrar la estructura de cómo crear tu vídeo de oferta y los demás.

Paso 2. Graba los 12 vídeos del soborno ético

Recuerda que de momento no tienes que hacer los productos, nada más tienes que definir su estructura.

Si haces todo este trabajo de crear la estructura de los 12 productos y su descripción correspondiente, ya puedes grabar de antemano todos los vídeos.

Si te parece que es mucho trabajo y se te nubla la vista, no te preocupes, lo puedes hacer sobre la marcha. Yo, cuando comencé a vender mi membresía, tan solo había grabado 4 mis 12 vídeos.

Sé que grabar los 12 vídeos de una te puede parecer una locura, quizá sí lo es, pero si eres una persona organizada y dedicada y lo defines todo por anticipado, puedes grabar los 12 vídeos y ya tienes mucho trabajo adelantado.

Si no es tu caso, graba lo que puedas o graba un vídeo cada mes y listo.

Paso 3. Prepara las piezas de contenido

Debes crear 20 piezas de contenido para cada soborno ético, recuerda que vas a cambiar de soborno cada mes.

Como bien sabes, tus vídeos constan de la oferta de tu membresía, después tu vídeo de soborno ético y la pieza de contenido, pero ahora viene lo bueno...

No hace falta que sean 20 vídeos de contenido. Un lanzamiento no necesariamente es con vídeos, puede ser también con reportes, con simples artículos en tu blog o con correos.

Si tienes ya una lista, una base de suscriptores, puedes enviarles correos electrónicos con tus piezas de contenido por escrito o puedes hacer artículos en un blog, o reportes con la pieza de contenido y al final les pones un link que les haga ir al vídeo compuesto por tu soborno ético más la oferta de tu membresía.

Sea cual sea la forma en que entregues la pieza de contenido, recuerda que:

Tus piezas de contenido son para promover tu soborno ético y tu soborno ético promueve tu membresía.

Recapitulando

La estrategia de productividad extrema consiste en grabar el vídeo donde presentas la oferta de tu membresía y tenerlo ya listo para añadirlo al resto de materiales.

Después crea la estructura y la descripción de tus sobornos éticos y podrás grabar los 12 vídeos de soborno ético antes incluso de haber creado los productos.

Si no puedes grabar los 12 de una, tampoco te preocupes, los puedes ir creando sobre la marcha, uno por mes.

Y por último, deberás preparar 20 piezas de contenido para cada soborno ético que les vas a estar entregando diariamente, de lunes a viernes.

Es decir, el lunes liberas la pieza de contenido 1, el martes la pieza de contenido 2, el miércoles la 3, etc.

No te abrumes, no tienes que grabarlas todas por anticipado, puedes ir grabando una pieza de contenido por día.

Lo puedes hacer en la noche previa o lo puedes hacer en el transcurso del día y una vez hecho, subes ese vídeo a YouTube, a Facebook, a tu página de fans, envías ese vídeo a tus suscriptores, haces un Facebook Live de tu pieza de contenido y después les pones el soborno ético y tu oferta de membresía.

Entonces, los vídeos de contenido los puedes crear sobre la marcha. Y recuerda que no han de ser necesariamente vídeos, también pueden ser correos o artículos en el blog o reportes, en los que al final pondrás el link hacia el vídeo del soborno ético más la oferta de tu membresía.

Créeme, si eres capaz de hacer una parte de todo este trabajo de antemano, te será muchísimo más fácil después.

Y si logras hacerlo todo de una, realmente eres un portento de la naturaleza y estarás predestinado al éxito sí o sí.

CÓMO GRABAR EL VÍDEO DE TU OFERTA

Y como lo prometido es deuda, ha llegado el momento de que te muestre cómo crear los vídeos y vamos a empezar por el vídeo de tu oferta.

Y puede que pienses, *"Pero Helio, ¿por qué he de grabar primero el último vídeo que voy a utilizar?"*

Grabamos de atrás para adelante, es decir, primero el vídeo de la oferta de tu membresía, porque la oferta de tu membresía jamás va a cambiar, a menos que estés haciendo algunos cambios para hacerla más poderosa.

Entonces, el primer vídeo que vas a grabar es el de tu oferta de membresía porque siempre es la misma, lo que va cambiando son tus sobornos éticos, uno cada mes, y los vídeos de contenido que entregarás diariamente, de lunes a viernes.

¿Puedes hacer menos vídeos diarios? ¿Puedes entregar solamente 3 a la semana, por ejemplo?

Sí.

Pero recuerda que cada vez que les envías un vídeo nuevo, ese vídeo nuevo está cargado de tu soborno y está cargado de tu oferta.

Es decir, cada vez que les envías un vídeo tienes la oportunidad de vender.

Entonces ahora te pregunto, ¿cuántas veces quieres vender, una vez al mes o veinte veces al mes?

La respuesta es obvia, quieres lograr ventas los veinte días del mes, incluso quisieras lograr ventas los treinta días de febrero, que no los tiene, así que tú decides cuántos vídeos de contenido vas a crear.

Pero estamos con el vídeo de oferta de tu membresía y este vídeo tiene esta estructura:

Paso 1. El Comienzo

Lo primero que debes recordar es que este vídeo es una continuación del soborno ético y que el soborno ético es gratis, por lo tanto, un buen comienzo puede ser:

"Así es, ¡Totalmente Gratis!

¿Por qué?

Para sobornarte y que pruebes mi nuevo programa de membresía (El nombre de la membresía)."

Paso 2. Describe tu Membresía

Ya les has contado que les has dado el soborno ético gratis, para que prueben tu membresía, así que ahora vas a decirles en qué consiste la membresía:

"En esta membresía te voy a dar acceso a webinars en vivo, eventos presenciales, cómo crear fuentes de ingreso perpetuas y automatizadas..."

Te estoy poniendo el ejemplo del contenido de mi membresía, pero evidentemente, esto lo debes sustituir por el tuyo.

Y una vez les has enumerado el contenido, ¿qué es lo siguiente?

Detallarles aún más tu membresía.

Si va a ser online o en vivo, si va a ser cada día, cada semana o cada mes y por supuesto, qué es lo que les darás. Siguiendo el ejemplo de la oferta de mi membresía:

"Cada mes te daré un paquete secreto y vídeos de entrenamiento.

Incluido algo llamado fuente de ingreso perpetuo.

¿Qué es Club de Ingreso Perpetuo? (Les estoy diciendo qué es mi Membresía, tú debes poner la tuya).

Ingreso perpetuo es una estrategia completa a detalle de cómo generar ingresos con fuentes distintas, donde obtendrás los mapas y el paso a paso para accionar una fuente de ingresos distinta cada mes.

Además, recibes fuentes de entrenamiento para accionar esa fuente de ingresos, tendrás las herramientas tecnológicas y todo lo que necesites para accionar esa fuente de ingresos.

También recibirás un libro de trabajo cada mes, con el paso a paso de cómo generar ingresos.

Se trata de información de algo que me está funcionando justo ahora, así que es como estar mirando sobre mi hombro cómo genero ingresos todos los días.

Todo lo que te enseñaré en esta fuente de ingresos es sin paja, al grano, solo información accionable y que funciona.

Y por si esto fuera poco, recibirás un vídeo de cómo hacerlo paso a paso."

Paso 3. Diles el Precio

"Seguramente te estarás preguntando del costo de este bebé...

Como miembro del Club de Ingreso Perpetuo, tienes acceso a todo...

Las conferencias, el libro de trabajo, los vídeos paso a paso y el acceso al evento presencial...

¡Por solo 97 dólares al mes!

Y recuerda que no hay contrato y puedes cancelar en cualquier momento. (Si les dices esto, va a hacer que más personas se animen a comprar tu membresía.

Además, puedes conservar Súper Afiliado Exitoso, Lanzamientos Perpetuos y El Negocio de 4 Horas. (Estos son los tres bonos que están disponibles para cualquier persona de modo perpetuo. El mega bono del soborno va a cambiar cada mes, pero hay un paquete cosas que están incluidas siempre y son estas tres).

Así es, vas a tener acceso a estos 3 súper entrenamientos totalmente Gratis.

Súper Afiliado Exitoso vale 197 dólares, Lanzamientos Perpetuos 197 dólares y El Negocio de 4 Horas 97 dólares.

Así que el valor total de este regalo, es igual a 491 dólares." (Recuerda que esto es adicional al valor del soborno que les estás dando.

Paso 4. El Llamado a la Acción

"Ahora hablemos acerca de tu cuota como socio.

Como te dije, son solo 97 dólares al mes. (Aquí estamos justificando la inversión. 97 dólares no es un gasto prohibitivo, pero sí lo suficiente para alejar a los buscadores de oportunidades. Así que da por hecho que la persona indicada sí te los va a pagar).

Piensa esto por un momento...

¿Vale 97 dólares enseñarte una fuente de ingresos cada mes?

¿No crees que una sola fuente de ingreso te puede dar un retorno positivo?

Una sola fuente de ingreso puede pagarte la membresía de todo un año y todo lo demás será ganancia pura.

Pero quiero que esto sea un "no tienes que pensarlo".

Quiero que pienses en esto…

¿No crees que vale mucho más de los 97 dólares resolver cualquier duda que tengas y mostrarte personalmente qué es lo que me está funcionando?

Y hay otra cosa a considerar:

¿Vale o no los 97 dólares estar en una sesión online conmigo, donde te puedo decir cómo hago dinero para que hagas exactamente lo mismo?

Pues, eso es lo que hago en las conferencias en vivo.

Por último, y no menos importante…

¿Vale o no los 97 dólares estar en un evento presencial conmigo donde te ponga a accionar la fuente de ingreso en cuestión y me asegure de que funcione para ti?

Pues es lo que recibirás si aceptas mi soborno ético y te matriculas hoy mismo.

Recuerda, no hay contrato y puedes cancelar en cualquier momento y además conservarás mis entrenamientos. (Los que les vayas a dar).

Y hay algo muy importante acerca del costo de la membresía. Si haces las matemáticas… (Esto es para hacer que se den cuenta de que no están pagando 97 dólares sino mucho menos).

¡Se trata de 3,12 dólares por día!

Hice una búsqueda en Google para saber qué podías comprar con tus 3,12 dólares."

Esto es algo que uso. Contrasta lo que les costaría por día con cualquier otra cosa, que más que beneficiarles, les afecte. Por ejemplo:

"Hice una búsqueda para saber qué podrías comprar con tus 3,12 dólares y es un frapuccino unicornio, pero rápidamente va a hacer que tengas el colesterol y los triglicéridos por las nubes.

La primera semana de tus frapuccinos vas a tener que visitar al doctor, con la factura del hospital que eso representa y la cirugía de las arterias que te van a tener que hacer..."

Entonces es cuando dirán: *"No, no, no. Me conviene más esta membresía a dañar mi salud".*

Por lo tanto, contrasta con algo así como lo que te acabo de mencionar. Menciónales que encontraste algo que pueden hacer con sus 3 dólares o con lo que sea su inversión. Sigo con el ejemplo de mi vídeo de oferta de mi membresía:

"Encontré que te alcanzaba para comer algo en la calle. Así que te pregunto, ¿qué preferirías tener, una comida callejera y la posible infección estomacal que eso representa o una fuente de ingresos que te puede dar de comer a ti y a tu familia en los mejores lugares del mundo, de por vida?

Enfrentemos los hechos...

3,12 dólares no van a cambiar tu vida, pero el trabajo que haremos juntos sí lo hará.

Acepta mi generoso soborno ético y conviértete en un miembro del club."

No les dirás cuál es, porque recuerda que este es un vídeo perpetuo y si les dijeras cuál es tu soborno ético, tendrías que grabar otro vídeo el siguiente mes y así este ya queda grabado de por vida.

"Serás parte de un pequeño grupo de personas que dominan múltiples fuentes de ingreso que funcionan.

Además, conocerás a otras personas que buscan lo mismo que tú y podrás hacer Mastermind y asociación con ellos.

Y también estarás conectado conmigo dos veces al mes en las conferencias en vivo y los eventos en vivo, donde podré ayudarte en persona a lograr resultados masivos.

¿Aceptas mi oferta de convertirte en un miembro hoy mismo?

Recuerda, no tienes obligación de permanecer como miembro todo el año y puedes cancelar en cualquier momento y aún así conservas todos los obsequios, gratis."

Listo, ya está.

Esto es lo que debes decirles en tu vídeo de oferta, modificando el contenido de mi membresía por el tuyo claro.

Es momento de grabar

Lo primero que harás antes de grabar es crear las diapositivas de tu vídeo de oferta y una vez las tengas, grabarla.

¿Cómo la vas a grabar?

Tienes dos opciones:

Grabar con ScreencastOMatic

Es en línea y cuenta con una versión gratuita, pero solo te permite grabar vídeos de menos de 15 minutos, a menos que compres la opción pro, que es un regalo.

Tan solo 15 dólares al año y si compras la opción de 15 dólares al año, puedes grabar vídeos ilimitados.

Hacer un Hangout

Para ello, vas simplemente a YouTube, haces clic en "subir vídeo", después vas a "eventos", creas un nuevo evento, le pones el nombre que quieras y le das a "emitir en directo" y listo.

Una vez emitas en directo, se te abrirá una ventana de Hangout en la que vas a compartir tu pantalla mostrando tu archivo de PowerPoint, o de Google Drive (donde hayas hecho tu presentación) das a "iniciar presentación" y comienzas a hablar.

Una vez termines de hablar para presentar tu oferta de membresía, terminas la emisión y listo, ya habrás grabado tu vídeo de la oferta.

CÓMO GRABAR TUS VÍDEOS DE SOBORNO ÉTICO

El segundo paso es grabar el vídeo de tu soborno ético.

Recuerda cómo se conecta esto: primero la pieza de contenido, luego el soborno ético y después la oferta.

Pero recuerda también, que te recomiendo grabarlos de atrás hacia adelante debido a que el vídeo de la oferta, el primero que vas a hacer, solo se graba una sola vez.

Pero ahora estamos con el vídeo del soborno ético, has de grabar 12, y para engancharlo a la perfección con la parte del contenido de valor, esta ha de acabar así: *"Y lo vas a obtener totalmente gratis".* Y aquí tu vídeo continuaría.

Es decir, estarías dando tu contenido de valor y a continuación dirías:

"Como puedes ver, Membresías Rentables es todo lo que necesitas para tener una membresía rentable en Internet que te permita ganar dinero como loco y de manera predecible.

Y ahora lo vas a obtener totalmente gratis.

¡Gratis!

¿Por qué?

Para sobornarte..."

Pues una vez repasado el final de la parte de contenido, es momento de ver la radiografía del vídeo del soborno ético:

"Hoy te estoy dando un entrenamiento de 997 dólares totalmente gratis.

Se trata de Membresías Rentables, un entrenamiento que se vende como pan caliente en mi página web ¡por 997 dólares!

Pero tú lo vas a tener gratis.

En un minuto te digo por qué es gratis, pero primero déjame decirte por qué necesitas Membresías Rentables, incluso si tuvieras que pagar los 997 dólares."

Recuerda, debes decirles: *"Te estoy dando un soborno, te lo estoy dando gratis"* y después menciónales por qué es gratis y construir el valor de la oferta.

¿Cómo construir el valor de tu oferta?

De esta manera:

"Membresías Rentables es un programa de cuatro semanas de duración, diseñado para tener una membresía rentable.

Una membresía que te dé la libertad financiera que siempre has querido en menos de 90 días.

Así es como funciona y lo que puedo hacer por ti:

En la semana número uno vamos a diseñar tu oferta de membresía. (El 99% de las membresías tienen un tiempo de vida de solo tres meses y la razón principal es que tienen una mala oferta, que puede consistir en contenido no relevante, o bien demasiado contenido, falta de interacción con el cliente de la membresía o cualquier otra cosa).

En la semana número dos montaremos tu embudo que, por cierto, es el embudo más sencillo del mundo.

En la semana número tres vamos a ver cómo vender tu oferta. Son varias las estrategias que funcionan para vender una membresía y las veremos todas con detalle.

Y finalmente, en la semana número cuatro vamos a ver cómo escalar tu membresía. En los primeros 90 días vas a ir por tus cifras del gasto del mes, pero después de eso vamos a escalar y a lograr ingresos más allá de tus más locos sueños.

Te dejo unos números para que veas cómo funciona esto...

Imagina que tienes gastos de vida de 2.000 dólares al mes y digamos que vendes tu membresía en solo 97 dólares.

Esto quiere decir que necesitas 21 miembros para alcanzar tu libertad financiera, por lo tanto, tan solo tendremos que encontrar 7 miembros al mes.

Veamos la fase escalamiento...

En la fase de escalamiento, digamos que quieres ganar 10.000 o 20.000 dólares al mes, así que necesitas 207 miembros, o lo que es lo mismo, 69 miembros al mes o 2,3 miembros por día.

Ayer, por cierto, entraron 7 miembros en un solo día, así que esto es posible para ti.

Como puedes ver, Membresías Rentables es todo lo que necesitas para tener una membresía rentable que te permita ganar dinero como loco, de manera predecible y lo vas a obtener totalmente gratis".

Y recuerda lo que sigue:

"¡Gratis!

¿Por qué?

Para sobornarte."

Aquí, para crear una mayor conexión, si quieres puedes añadirle la frase *"Escuchaste bien"* y quedaría más o menos así:

"Como puedes ver, Membresías Rentables es todo lo que necesitas para tener una membresía rentable en Internet que te permita ganar dinero como loco y de manera predecible.

¡Y lo vas a obtener totalmente gratis!

Escuchaste bien...

¡Gratis!

¿Por qué?

Para sobornarte.

Prueba mi nuevo programa de Coaching (como se llame)."

Bueno, pues ahí lo tienes.

Así vas a crear el guión y las diapositivas para tu vídeo de soborno ético de ese mes. (Recuerda que debes grabar 12, uno por cada mes del año).

Después vas a grabar el vídeo y lo vas a editar para tener la presentación del primer soborno ético, o mega bono.

Y así para todos los vídeos de soborno ético que hagas.

CÓMO GRABAR TUS VÍDEOS DE CONTENIDO

Vamos a ver cómo crear y conectar tu pieza de contenido, que es la pieza faltante en esta "trilogía" que debes mostrar en tus vídeos.

Este sería un ejemplo del esquema que debes seguir en tus piezas de contenido:

"Hola, te saluda Helio Laguna y hoy te quiero decir cómo tener un 100% de conversión en una página de aterrizaje" (o lo que sea...).

"Se trata de información por la cual debería cobrarte al menos 97 dólares, pero hoy te lo voy a dar totalmente gratis.

Sí, oíste bien...

¡Gratis!

En un momento te digo por qué es gratis, pero antes déjame decirte por qué necesitas tener esta información, incluso si tuvieras que invertir 97 dólares o 47 dólares o lo que sea que valores. Pero no tendrás que pagar absolutamente nada, es gratis.

La estrategia consiste en algo que denomino "cambio de perspectiva".

Esto es hacer que las personas te pidan lo que tú les quieres dar gratis y funciona de la siguiente manera:

Paso número 1: Como paso número uno, haces esto.

Paso número 2: Como paso número dos, haces esto.

Paso número 3: esto.

Paso número 4: esto."

Aquí das todos los pasos de la información valiosa que les estás dando. Simplemente dales valor, dales información, dales valor accionable y ya tienes tu pieza de contenido hecha.

¿Ahora qué queda?

Enlazarla con el soborno ético:

"Como puedes ver, se trata de información sumamente valiosa, ¿cierto?

Otros te cobrarían 97 dólares por ella y sería barato y justo, pero yo te la estoy dando completamente gratis.

Escuchaste bien, ¡Gratis!

Y la razón es porque quiero sobornarte.

Verás, esto que acabas de ver es solo la punta del Iceberg de lo que aprenderás en mi programa Embudo Maestro.

Embudo Maestro es un entrenamiento de 997 dólares, pero hoy quiero dártelo completamente gratis.

Ahí lo puedes ver, Embudo Maestro se vende en mi sitio web."

Si les puedes mostrar la página o la caja con un botón debajo que diga 997 dólares, mejor, así justificas más que se vende en eso.

Por cierto, no tienes que ser 997 dólares en todo lo que hagas, ponle el valor que creas que es justo con lo que les estás dando, en este caso, yo creo que es justo que Embudo Maestro cueste 997 dólares.

"Embudo Maestro es un entrenamiento de siete sesiones, diseñado para tener..."

Y ahí sigue todo el show.

Consejos

Ten métricas de venta de cada soborno ético

Incluso si puedes, de cada pieza de contenido para cada soborno ético.

¿Qué es lo que tienes que hacer para tener estos datos?

Simplemente, en una hoja de papel escribes los días de lunes a viernes y pones ahí los resultados de cada día.

Algo como esto:

Semana del 5 al 12

Lunes: 2 ventas.
Martes: 3 ventas.
Miércoles: 4 ventas.
Jueves: 2 ventas.
Viernes: 5 ventas.

Semana del 12 al 17

Lunes: 3 ventas.
Martes: 1 venta.
Miércoles: 0 ventas.
Jueves: 0 ventas.
Viernes: 3 ventas.

Si tienes calendarizado todo de esta manera y sabes cuándo entregaste cada pieza de contenido, te vas a dar cuenta de cuáles fueron tus campañas ganadoras, cuáles fueron los sobornos ganadores y cuáles fueron las piezas de contenido que detonaron más ventas, aunque en realidad, esto último no es del todo fiable, ya que todas las piezas de contenido construyen la venta.

Te explico...

Digamos que la pieza de contenido que les enviaste el lunes les voló la cabeza, hizo que tomaran la decisión de comprar, pero no cobraban hasta el viernes y el viernes te compraron cinco y piensas: *"¡Wow, fue la pieza de contenido del viernes!"*

No, en realidad fue la del lunes o a lo mejor fue la del martes o quizá fue la suma de la del lunes con el martes y con miércoles.

O puede que fuese lo que hiciste el lunes y el miércoles con el jueves, lo que les hizo sentido, ¿entiendes?

No puedes saber con exactitud qué pieza de contenido es la que más vende, pero sí puedes saber cuáles son tus piezas de contenido estrella y más importante que eso, cuáles son tus sobornos éticos estrella.

¿Por qué?

Porque si un mes tengo *"Marketing de Guerrilla"* como soborno ético y logro 14 ventas, pero al mes siguiente doy *"Membresías Rentables"* como soborno ético y logro 50 ventas, y al siguiente, con *"Ingresos con Webinarios"* como soborno ético logro 20 ventas y después con *"Embudo Maestro"* como soborno ético logro solo 3 ventas...

¿Qué soborno ético crees que es mejor, con el que hice 14 ventas, el que logró 50 ventas, el de 20 o el de 3?

Evidentemente, si yo tengo dos joyas como *"Membresías Rentables"* que hizo 50 ventas en un mes e *"Ingresos con*

Webinarios" que hizo 20 ventas en un mes, las querré repetir todos los meses, pero no lo hago.

Lo que hago es, o bien las guardo un tiempo y cuatro meses después repito *"Membresías Rentables"* o lo utilizo para escalar una campaña de publicidad con mi soborno ético estrella.

Por eso, es importante que encuentres tu soborno ético estrella y si se sigue vendiendo como loco, no dejes de utilizarlo

No tienes que cambiar al siguiente mes, sigue usándolo y sigue vendiendo y sigue vendiendo.

Pon una página de captura antes de cada soborno ético

O de cada pieza de contenido y así construirás tu lista de suscriptores.

¿Qué es lo que te acabo de decir?

Que puedes poner una página de captura para que las personas reciban tu contenido, tus piezas de contenidos.

Digamos que es como tener un embudo invisible en Facebook.

Por ejemplo, imagina que hago una página de captura que diga: *"Raro sistema revela, o raro vídeo revela cómo tener un embudo invisible dentro de Facebook, sin sitio web, sin cosas complicadas".*

Las personas me dejan su correo y lo que ven inmediatamente después del correo, adivina qué es, mi vídeo donde primero les digo como tener el embudo invisible y después les doy mi soborno ético y la oferta a mi membresía.

Es tener un Embudo Maestro.

¿Por qué funciona como loco todo esto que te acabo de decir?

Porque toma lo mejor de ambos mundos de un lanzamiento, que son los vídeos de contenido, tus piezas de contenido, y el seguimiento.

Ya te lo he dicho anteriormente, si haces esto de lunes a viernes vas a tener un seguimiento de 20 días, de todo un mes, para que las personas compren tu membresía y vas a manejar múltiples ángulos de venta en tus piezas de contenido.

¿Por qué tener un Embudo Maestro?

Porque es un embudo con las herramientas que tienen nuestra atención, como Facebook, Instagram, WhatsApp, Messenger, etc.

¿Por qué tener un Embudo Maestro?

Porque no necesitas un sitio web, ni cosas complicadas, es un embudo que ocurre dentro de tu perfil.

Construye el valor de tu contenido

Además, como con tu pieza de contenido les estás dando valor masivo por adelantado, valor por el que fácilmente podrías cobrar y les estás diciendo: *"Esto que te acabo de decir es el Santo Grial de la información".*

Si tú le das el Santo Grial de información a una persona y no le dices:

"Esto que te acabo de decir es el Santo Grial de información", no lo va a apreciar.

Cuando crees algo de valor, crea anticipación y diles:

"Esto que te voy a decir es algo sumamente valioso, podría cobrarte fácilmente 1.000 dólares por esto, pero te lo voy a decir completamente gratis".

Entonces quedas bien con las personas, no estás vendiendo, estás ofreciendo valor masivo, estás ofreciendo un mega bono, un mega regalo y después viene les das una descripción de tu programa de Coaching.

CÓMO VENDER TU MEMBRESÍA

Puedes hacer una página de ventas y promoverla con una lista de suscriptores, subir tus vídeos a YouTube y Facebook, etc.

Es decir, YouTube puede ser tu embudo, simplemente por el enlace de pago debajo del vídeo.

Facebook puede ser tu embudo.

Puedes hacer transmisiones de Facebook Live, transmisiones de YouTube Live y en esas transmisiones les pones el vídeo o les dices todo en vivo, aunque esto te va a ser un poco más laborioso.

Lo mejor es apalancarte del vídeo de tu soborno y del vídeo de tu oferta.

Puedes hacer Webinarios o Hangouts, lo vamos a ver más adelante.

Puedes montar páginas de captura y hacer campañas de pago.

Si tienes suscriptores, haz una campaña de escasez antes de cambiar tu soborno ético, diciendo que se va a cerrar este soborno ético.

¿Cómo montar tu embudo?

Si lo quieres hacer completo, primero crea una página de captura, después la página de ventas y después tu página de descarga o bien, si quieres hacer algo más elaborado, un sitio de membresía.

Graba tu vídeo y súbelo a Vimeo o a YouTube.

Después subes ese vídeo a tu página de ventas, creas una página de captura para regalar la pieza de contenido que está en tu vídeo, la página de ventas o la página donde se muestra tu pieza de contenidos, que después muestra tu regalo y tu oferta y creas tu página de descarga o sitio de miembros.

Para ello puedes utilizar:

ClickFunnels

Es de paga, vale 97 dólares al mes.

Puede que sea un gasto prohibitivo para ti, pero es lo mejor que hay.

Comission Gorilla

Este es mi software propio y vale 97 dólares, pero no al mes sino al año y te doy completamente gratis Agenda Cita de por vida.

Así de mágico es este sistema, la pieza de contenidos te va a ir dando tu lista de suscriptores y todo está interconectado para que puedas empezar desde cero, sin suscriptores, sin mega bonos, sin membresía, porque la membresía la vas creando sobre la marcha, simplemente dando valor masivo que construye la venta desde el primer día y después, un soborno ético que es parte de lo que entregas en tu membresía y queda grabado para utilizar como soborno ético.

Como puedes ver, es una genialidad este sistema y te lo tengo que decir, si no, no lo vas a apreciar...

Nadie está haciendo esto, siéntete privilegiado, nadie está haciendo esto, vas a ser junto a mí, de los pocos que vas a tomar acción masiva con esto.

TERCERA PARTE

"CÓMO VENDER TUS MEMBRESÍAS RENTABLES"

VENDE CON VÍDEOS

La primera parte de este libro ha sido "Cómo Crear Una Membresía Rentable", la segunda parte "Desarrollando El Súper Sistema", espero que ya lo tengan, que todos tengas, y en esta tercera parte vamos a ver cómo y dónde puedes vender tu membresía.

La primera estrategia del súper sistema es haciendo vídeos.

Ya lo has visto en la segunda parte porque los vídeos forman parte del súper sistema.

Ya sabes que debes hacer vídeos de contenido, pero no está de más hacer un recordatorio rápido de su estructura:

Paso 1. Saludar

Al inicio debes saludar a las personas y decirles qué es lo que van a ver en el vídeo:

"¡Hola, hola! ¿Qué tal? Te saluda Helio Laguna y en este vídeo te voy a enseñar…" (Lo que les vayas a enseñar).

Anuncia qué les vas a enseñar en ese vídeo.

Paso 2. Justifica el Valor

Justifica el valor de lo que vas a enseñarles:

"Aprender esta información me costó 297 dólares, pero ahora te la voy a revelar completamente gratis…"

Y a continuación vas al paso 3.

Paso 3. Revela el Contenido

Revela qué información les vas a dar gratis:

"Lo podría vender por 297 dólares, pero hoy te lo quiero dar completamente gratis. ¡Escuchaste bien, Gratis!"

Y enumeras el contenido que vas a darles:

"El paso número 1 es hacer esto, paso número 2 esto, paso número 3 esto..."

Paso 4: Conecta el contenido con el Soborno Ético

Conecta el contenido con el soborno ético que vas a regalarles:

"Y esto que te acabo de enseñar, estos cuatro pasos, son solo la punta del iceberg de lo que está en el programa en el programa "Membresías Rentables" que te quiero dar completamente gratis.

¡Escuchaste bien, Gratis!

¿Por qué?"

Y continúas todo el show como te expliqué antes, hasta llegar a presentarle la oferta de tu membresía.

Puedes hacer vídeos todos los días, ya sea frente a la cámara o utilizando el PowerPoint y los puedes subir a tu canal de YouTube o lo puedes subir a tu perfil personal, a tu página de fans o a grupos que administres en Facebook.

Recuerda estás entregando contenido de valor, no estás haciéndole ningún mal a nadie, estás entregando contenido de valor y al final les dices que eso es sólo la punta del iceberg de un regalo, de un soborno ético, entonces no hay forma de perder, no hay forma de quedar mal con este sistema.

Así que, ¡ponlo en marcha!

VENDE CON WEBINARS

Vamos a la siguiente estrategia, que es vender tu membresía rentable haciendo Webinars.

Esta es la radiografía de un Webinar:

Paso 1. La Presentación

Este paso se compone de dos sub-pasos, primero les saludas:

"Hola, ¿qué tal?

Me llamo Helio Laguna y en este Hangout, en este Webinar, en este tele seminario te voy a enseñar cómo alcanzar la libertad financiera utilizando membresías."

Y después les dices por qué es importante para ellos:

"Esto es para ti si quieres alcanzar la libertad financiera..."

"Esto es importante para ti si quieres alcanzar un ingreso seguro, estable..."

"Esto es importante para ti si te gustaría viajar por el mundo y recibir ingresos todos los días..."

Paso 2. Diferenciación: Reglas de la Casa y Confesión

Cuando les dices las reglas de la casa, tienes que polarizar, aquí tienes que caerle bien a la mitad de las personas y que te odien la otra mitad de las personas.

Obviamente, a estas personas que te odien tienes que repelerlas, para nada quieres mala vibra en tus Webinarios, sobre todo cuando llegues a la parte de la venta y que empiecen esos comentarios tipo:

"Ya sabía que nos ibas a vender, ¿por qué nos das la información gratis? Esto es gurú, nada más nos venden."

Entonces, es aquí donde debes expulsar, repeler a las personas que no quieres que estén dando la lata.

¿Cómo lo harás?

Definiendo las reglas de la casa:

"Te voy a dar información de valor y al final te voy a decir cómo obtener más de esta información de valor en mis entrenamientos.

Si eres una persona de las que no les gusta que le ofrezcan más ayuda, esto no es para ti, puedes retirarte.

Si eres una persona que entra a los Webinarios a molestar, retírate y si no lo haces, es porque eres una persona de lo peor, porque te estoy diciendo en estos momentos que te retires y si te quedas donde no te invitan, vas a hacer el ridículo ante todos.

Te estoy diciendo aquí y ahora amablemente que te retires, pero si te quedas es porque eres una persona que no tiene escrúpulos, necia, y podría decirte groserías, porque te estoy diciendo que esto no es para ti, que te retires y si apareces al rato con tus comentarios tontos, pues eres un tonto, porque te quedaste donde no te invitaron y estás haciendo lo que te dije que no hagas, que lo hagas en otro lado, vete a otro Webinar a molestar." (Etcétera, etcétera, etcétera).

Y a continuación de haber espantado a los moscones, de haber marcado las reglas de la casa, toca hacer tu confesión, tu mantra:

"Tengo una confesión que hacerte, me gusta tomar acción masiva imperfecta en todo lo que hago, quizá es la gran diferencia por la que tengo los resultados que tengo".

Paso 3. Cuenta tu Historia

Tu historia se debe componer, por este orden, de punto inicial, punto más bajo y punto crítico:

"Cuando salí de la universidad, conseguí un empleo que me pagaba justo la mitad de lo que me daban mis padres de mesada.

Por eso cambié de empleo y encontré otro donde me pagaban el doble, pero también empecé a gastar el doble y mis deudas se hicieron más grandes.

Cambié de empleo de nuevo y comencé en uno que me pagaban el doble que en el anterior y está vez empecé a gastar más de lo que me pagaban incluso, así que llegué a tener unas deudas profesionales, por lo que hice un último cambio de empleo.

Otra vez logré ganar más del doble que en el empleo anterior, pero me gastaba todo lo que ganaba mucho más rápido aún y mis deudas ya eran millonarias.

Hasta que llegó a mis manos el libro "Padre Rico, Padre Pobre" de Robert Kiyosaki y me di cuenta de que había otra cosa.

Comencé a invertir en la bolsa de valores y a perder en todas y cada una de mis transacciones.

Comencé a entrar en oportunidades de mercadeo en red y no lograba afiliar a nadie más que a mi familia.

Hasta que entré a una que era 100% por Internet y ahí tuve un éxito descomunal.

Afilié a 200 personas y comencé a recibir grandes comisiones, ¡estaba a punto de empezar mi libertad financiera!

Pero la compañía cerró.

Aun así, me di cuenta de que tenía un talento para los negocios por Internet, así que comencé a estudiar negocios por Internet.

Los primeros dos años los desperdicié queriendo hacer una página web, los siguientes dos años logré llegar a un tope de 500 dólares al mes, debido a que no invertía en mi crecimiento.

Mi criterio de decisión para comprar un entrenamiento era de 27 dólares hacia abajo y de vez en cuando me volvía muy loco y compraba algo de 67 dólares o de 97 dólares, pero no más.

Y así fue como comencé a endeudarme con tarjetas de crédito porque compraba entrenamientos pero no me funcionaban y mi punto más crítico fue cuando comencé a sacar más tarjetas para pagar las deudas de mis otras tarjetas.

Como ya tenía muchas tarjetas y no ganaba ni tan siquiera el mínimo para pagar la deuda de estas tarjetas, decidí contratar a un mentor.

Así que saqué una nueva tarjeta, contraté un mentor que ganaba 5.000 dólares al mes y me llevó de ganar 500 dólares al mes a ganar 5.000 dólares mensuales en dos años".

Paso 4. Entrega el Contenido

"Pues bien, una de las estrategias que puedes utilizar para no pasar por todo lo que yo pasé es hacer estos 4 pasos:

Paso número 1 hacer esto, paso número 2 esto, el paso número 3 esto y el paso número 4 esto.

Paso 5. Tu Oferta

Finalmente, conecta el contenido que acabas de dar con la oferta de tu membresía:

"Esto que acabas de ver es solo la punta del Iceberg de lo que existe en mi programa Membresías Rentables y es lo que tengo para ti.

Membresías Rentables es un programa de entrenamiento de cuatro semanas de duración, donde vas a aprender a crear tu membresía rentable.

Esto es lo que hará por ti:

Te permitirá tener rápidamente tu libertad financiera o resolver el problema del dinero para siempre y te permitirá generar ingresos pasivos mientras duermes, etc.

Lo que quiero que hagas ahora es, da clic en el botón verde que se encuentra debajo, donde dice matricularse a Membresías Rentables y te va a llevar a un procesador de pagos de PayPal, mete ahí tus datos y después de pagar accederás al área de miembros, donde vas a tener ya disponible este entrenamiento".

Así es como funciona un Webinar para vender tu membresía, espero que lo lleves a cabo.

VENDE CON FACEBOOK LIVE

Vamos con la siguiente estrategia para vender tu membresía, que es hacer transmisiones en vivo con Facebook Live.

Su estructura es muy similar a la del vídeo:

Paso 1. Saluda

Saluda a todos y diles qué se van a llevar, de qué se va a tratar la transmisión:

"Hola, ¿qué tal?

Soy Helio Laguna y en este vídeo te voy a decir cómo puedes alcanzar la libertad financiera con membresías rentables.

Pero antes, déjame tus comentarios aquí debajo. Dime de dónde nos visitas y te mandaré un saludo."

O también puedes decirles:

"Por favor, si me estás escuchando, escribe 1 en el chat."

Paso 2. Viraliza la Transmisión

De lo que se trata es de que comenten. Y para eso les vas a decir que es para otra cosa, obviamente no les vas a decir: *"Comenta para que se haga viral".*

No, porque muchos van a decir: *"¿Para qué ayudo a esta persona?"*

Diles: *"Comenta para saber si me escuchas".*

O diles: *"Comenta, déjame saber de dónde eres y te mando un saludo".*

Si logras que comenten muchas personas vas a hacer que la publicación se haga viral.

Paso 3. Construye o Justifica el Valor del Contenido

"En esta transmisión te voy a enseñar cómo alcanzar la libertad financiera con membresías rentables.

Es algo por lo que podría cobrarte 500 dólares, pero es gratis, escuchaste bien, es gratis.

Y es gratis porque esto es una manera de sobornarte para que pruebes mi entrenamiento Membresías Rentables."

Paso 4. Entrega el Contenido

Entrega el contenido que tienes:

"Paso número 1, haz esto. Paso número dos, esto, etc."

Y a continuación, conecta el contenido con el soborno que vas a darles:

"Esto que te acabo de enseñar es solo la punta del Iceberg de lo que aprenderás en Membresías Rentables".

Paso 5. Muestra la oferta de tu Membresía

Tanto para mostrar tu soborno ético como para ofrecer tu membresía, puedes utilizar la presentación de PowerPoint que creaste para los vídeos del sistema.

La abres, compartes tu pantalla y lo vas entregando tal cual hiciste para crear los vídeos de soborno ético y el de la oferta.

Podrías compartir directamente los vídeos ya hechos, pero te recomiendo que hables en directo, pues cuanto más lo hagas, mejor va a ser tu oferta, cada vez te va a quedar más claro que fue lo que les dijiste que vendías y cada vez vas a encontrar mejores ángulos de venta de cómo venderlo.

Una gran forma de vender es haciendo transmisiones en vivo de este tipo, así que no desprecies esta estrategia para tu Súper Sistema.

MÁS ESTRATEGIAS DE VENTA SÚPER PODEROSAS

Vende en tu Página de Fans

Esta estrategia consta de subir imágenes virales a una página de fans.

¿Cuántas debes subir?

Pues para obtener un resultado óptimo, debes subir entre cuatro y ocho imágenes virales y verás cómo mientras lo haces, más y más personas se van a hacer fans.

Como es muy difícil vender algo con una imagen, aunque la imagen pueda estar relacionada con tu membresía, pueda estar relacionada con emprendimientos o puede estar relacionada con negocios por Internet, lo que debes hacer es inspirarles para que vean que sí se puede.

Lo que vas a hacer en este caso es enviarlos a la página de captura de tu embudo.

Así es como funciona:

Subes la imagen, la complementas con contenido escrito, les pides que comenten y que compartan la imagen y en el contenido escrito pones el enlace que los dirija a tu embudo.

No vendas en el post, esta estrategia no es para vender en el post, pero sí es para llevar tráfico a tu embudo.

Vende con Marketing de Gorila

Marketing de Gorila es una combinación de texto con cualquiera de las estrategias anteriores, con la imagen, con la transmisión o con el vídeo.

Todo comienza con una publicación, en la que les das a elegiré entre dos pasos, *"envíame un mensaje privado"* o *"envíame un Whatsapp"* y una vez que están en tu mundo, comienzas a venderles.

Esta es la fórmula de la publicación paso a paso:

"ATENCIÓN:

Oportunidad única para alcanzar la libertad financiera.

El próximo mes estaré haciendo un entrenamiento que se llama Membresías Rentables, donde voy a enseñar a las personas a alcanzar su libertad financiera, con solo 21 clientes.

Si me conoces, he dominado las múltiples fuentes de ingresos y esta no será la excepción.

Lo que haremos será algo mucho más grande, se trata de que tú logres ingresos pasivos, etc.

Dicho esto y si quieres saber más de lo que haremos, comenta debajo "MÁS INFORMACIÓN" y envíame un mensaje privado o envíame un Whatsapp."

Y cuando te envían el mensaje privado y/o el Whatsapp, les pones el vídeo que está en tu embudo, el vídeo que es la suma de los tres vídeos de la pieza de contenido, de tu soborno ético y de tu oferta y después inicias la conversación.

Vende con Email Marketing

Es decir, enviando boletines electrónicos a tu lista de correos.

Esta es la radiografía de un Email:

Paso 1. Decirles qué se van a llevar como resultado de leer el correo.

Paso 2. Entrega el contenido en tu correo.

Paso 3. Conecta el contenido con la venta y deja algo abierto para que abran tu siguiente Email.

Vende con Whatsapp

La fórmula del Whatsapp es la misma que la del correo, nada más cambia que con Whatsapp puedes enviar un mensaje previo de anticipación para generar interacción con las personas.

¿Qué les vas a decir en este mensaje?

Les vas a preguntar si están listos para recibir tu Whatsapp.

Créeme, en cuanto lo envíes, te van a contestar como locos, prepárate para que explote tu teléfono con tantas respuestas.

Contesta esas respuestas y luego envíales tu Whatsapp.

Vende con Messenger

¿Cómo vas a convertir Messenger en un auto respondedor?

Con ManyChat, que es gratis hasta menos de 500 suscriptores.

Yo tengo 956 suscriptores en Helio Laguna y 682 suscriptores en Tips Financieros.

Para utilizarlo, solamente debes ligar una página de fans a ManyChat y te va a dar un link inteligente, un link que envía un mensaje privado.

Lo pones en tu perfil, las personas dan clic en "enviarte un mensaje privado" y al darle clic quedan suscritos en tu autorespondedor de ManyChat, donde puedes escribirles como si fuera un correo, puedes agregar imágenes, texto, vídeos, lo que quieras y enviar.

Así funciona, así es como conviertes Messenger en un autorespondedor.

CONCLUSIÓN

Bueno, pues ya hemos llegado al final de este libro.

Espero que hayas descubierto la facilidad con la que puedes crear y vender tu propio sitio de miembros, tu propia membresía rentable.

Para ello, tan solo hay un requisito indispensable, que tomes acción y apliques todo cuanto te acabo de revelar en este libro. Ten por seguro que funciona porque es justo lo que estoy aplicando yo día tras día en mi negocio.

Solo tú sabes el grado de implicación que vas a tener a la hora de implementar todo esto, por tanto, solo tú sabes cuánto dinero quieres ganar para lograr tu Libertad Financiera.

Yo ya te he dado la ruta para conseguirlo, ahora eres tú quien decide si este libro es solo entretenimiento al leerlo o un antes y un después en tu vida al aplicarlo.

Espero saber pronto de tus éxitos.

Tu amigo,

Helio Laguna

www.ingramcontent.com/pod-product-compliance
Lightning Source LLC
Chambersburg PA
CBHW020454220526
45464CB00002B/983